PILON

adulte, mais pas trop !

Stéphane Clerget est psychiatre pour adolescents. Il exerce à l'hôpital et dans son cabinet. Très sollicité par les médias comme expert, il écrit aussi beaucoup pour les parents et les professionnels de l'enfance comme le fameux *Guide de l'ado à l'usage des parents* (LGF).

Soledad Bravi, grand talent que l'on ne présente plus entre les BD du magazine *Elle* et ses personnages pour *Les Paresseuses*, chez Marabout, met tout son humour et sa vivacité d'esprit au profit de ces ados qu'elle aime tant.

Illustrations : Soledad Bravi
Création graphique : Noémie Levain

Dr STÉPHANE CLERGET

comment maîtriser ton stress

limonade

Sommaire

Introduction

Nous avons tous connu des réactions de stress. Que ce soit avant un devoir sur table, un rendez-vous amoureux, une épreuve sportive, un stage qui débute, un rendez-vous médical, une rentrée au collège, une rencontre importante ou encore une intervention en public. Ces moments de stress aigu, on arrive plus ou moins à les gérer mais il arrive que le stress soit si fort que l'on perde ses moyens, que le stress nous fasse échouer ou que l'on se sente ridicule. Tu fais peut-être partie de ceux qui ont un naturel stressé depuis toujours ou depuis quelques mois. On parle alors de stress chronique. Cela signifie que tu es tendu(e) tout le temps, stressé(e) en permanence et que la moindre situation où tu dois prendre une responsabilité génère un stress encore plus grand et possiblement dévastateur. Aujourd'hui le stress chronique le plus fréquent est en lien avec la scolarité. L'école est pour beaucoup d'entre vous un facteur de stress important, comme le travail pour vos parents. Mais à cela s'ajoute le stress lié à des difficultés relationnelles dans la famille ou encore avec les relations de ton âge. Voyons ensemble les origines de ton stress, ses mécanismes d'installation mais surtout comment l'atténuer, le rendre utile (en faire du bon stress) voire le faire disparaître, qu'il soit aigu ou chronique. Maîtriser son stress c'est possible et c'est une étape importante pour mieux maîtriser sa vie.

Conseils de filles et de garçons

« Quand je suis stressée, je m'occupe de mes plantes d'appartement. Sur mon balcon, il y a quelques plantes dont je suis la seule à m'occuper dans la famille. C'est mon petit domaine et, quand je prends soin d'elles, ça me relaxe vraiment, je me sens plus calme et j'oublie mes soucis. **Élodie,** 14 ans

« Mon secret antistress c'est de prendre un bain bien chaud avec des sels qui relaxent, dans une semi-obscurité avec un fond musical. **Anne-Charlotte,** 13 ans

« Pour me déstresser, je mange. Ça marche bien, mais, côté ligne, ce n'est pas ça. **Gaëlle,** 14 ans

« Quand je suis stressé je cours, je fais un foot ou je vais à mon entraînement d'escalade. Le sport c'est mon meilleur remède antistress. **Georges,** 13 ans

« Quand « j'ai le stress » je vais voir mes amis. Avec eux je me sens bien. **Soliman,** 13 ans

« Quand je suis stressé, je prie. Dieu m'apaise. **Théophile,** 12 ans

« Marcher dans la nature c'est ce qui me calme le mieux quand je suis stressée. **Ambre,** 16 ans

« Je n'ai pas envie de lutter contre le stress. C'est mon moteur. Avant je me fichais de tout, je n'avançais pas. Depuis peu, dès que je me réveille je suis en action. Je ne reste jamais inoccupé. Mais si je fais tout dans le stress je fais cependant les choses à fond. Je suis aussi stressé que perfectionniste. **Arslan,** 17 ans

« La musique classique me calme. J'en écoute chaque jour pour me détendre et, depuis peu, j'apprends à jouer du piano, ce qui me déstresse également. Hakim, 15 ans

« J'ai appris avec mon psy à faire de la relaxation quand j'ai des montées de stress. **Raphaël,** 15 ans

« Quand j'ai un problème qui me stresse, je vais me coucher. La nuit porte conseil et, assez souvent, je trouve une solution tout seul le lendemain. **Tom,** 13 ans

« Pour éliminer mon stress, je m'allonge sur mon lit ou sur mon canapé, je ferme les yeux et je pense aux différents muscles de mon corps. Je commence par les muscles des pieds, puis des mollets et je remonte progressivement jusqu'aux muscles du visage. À chaque fois, je contracte les muscles puis je les relâche et ainsi de suite. Ça me prend seulement une dizaine de minutes, mais c'est très relaxant. **Valentin,** 17 ans

« Quand je suis stressée, je me change les idées. **Jade,** 13 ans

« Moi j'oublie mon stress en lisant des romans d'aventure. **Kim,** 14 ans

« Quand je suis stressée, je me détends en mâchant un chewing-gum. J'en ai toujours sur moi, je suis une vraie addict. **Noah,** 12 ans

« Ma copine est mon contrepoison. Dans ses bras, je revis. Avec elle, je m'oublie et mes problèmes avec. L'amour est le meilleur remède antistress. **Hector,** 17 ans

« Je boycotte les actualités. De voir ces gens qui se font des coups bas ou s'entre-tuent ça me stresse sans me rendre ni plus savante ni plus intelligente. **Santa,** 15 ans

« J'ai été suivie par une psychologue car j'étais stressée pour un rien.
J'ai compris ce qui, dans mon enfance, avait fait de moi quelqu'un de toujours sur mes gardes. Depuis, ça va beaucoup mieux. **Hanna,** 17 ans

« Ma grand-mère m'a appris à tricoter. C'est très efficace contre le stress.
Sarah, 15 ans

« Je ne garde rien pour moi.
Si quelque chose me stresse, j'en parle à mes parents ou à mes amis.
Ça me soulage même si je ne trouve pas tout de suite la solution. **Thibaud,** 14 ans

« Sur YouTube, je regarde des vidéos qui me font rire et qui chassent mon stress. Suzie, 12 ans

« Avant, à Paris, j'étais tout le temps stressé dès que je sortais de chez moi. Je trouvais que les gens n'avançaient pas assez vite quand je marchais derrière eux et je me plaignais des gens pressés qui me bousculaient. Depuis que nous avons déménagé dans le sud-ouest de la France, le rythme est très différent et je suis beaucoup plus calme. Pour soigner son stress, il faut parfois changer son environnement. Léo, 17 ans

« Quand je suis stressée, je m'arrête un instant et je fais un point avec moi-même. Est-ce que ce qui me stresse est si important que cela ? N'y a-t-il pas des choses plus graves dans la vie ? Bref, je relativise ce que je ressens par rapport à des événements dramatiques qui ont pu survenir chez mes proches ou chez d'autres. Séverine, 18 ans

ché pas c'que j'ai, ché pas c'que j'ai, mais je flippe...

Le stress c'est quoi ?

• Un déménagement, des conflits avec tes parents ou tes amis, des devoirs sur table en rafale, un Smartphone que tu perds, un problème de santé, de la fatigue : de nombreux facteurs peuvent générer du stress. Soit le stress est aigu, c'est-à-dire qu'il disparaît une fois la cause passée (exemple : un stress avant un examen). Soit il est chronique, c'est-à-dire que tu es en état de stress pendant une longue période. Dans ce dernier cas, tu ne repères pas toujours la cause car il y a plusieurs facteurs qui s'entremêlent. Face à ces préoccupations, qu'elles soient réelles ou en partie imaginaires, ton corps et ton esprit vont réagir. Ils vont sécréter des substances, les hormones du stress. Ces hormones déclenchent l'état de stress. Ton corps se met en tension, ta vigilance augmente, ton agressivité monte, bref tu te prépares au combat. C'était bien utile aux temps des hommes préhistoriques et qu'on devait affronter une bête sauvage. Mais, dans notre jungle actuelle, les problèmes sont différents et, par exemple, face à un embouteillage • • •

• • • il est inutile de bander ses muscles ni de mettre un coup de gourdin. La violence physique n'est ni efficace, ni autorisée dans notre société. Et l'état de stress permanent finit par te faire souffrir. Tes muscles vont être tendus, tu peux avoir mal au ventre ou à la tête, tu as du mal à t'endormir ou à te concentrer, tu t'énerves pour un rien, tu te montres impatient(e), les autres t'ennuient vite, tu as du mal à t'organiser, etc.

• **Ce qui est stressant est variable d'un individu à l'autre.** Certain(e)s sont très résistant(e)s face à des contrariétés importantes. D'autres, hypersensibles, vont surréagir pour des incidents mineurs. Quand le stress est chronique, c'est-à-dire qu'il est tout le temps présent, tu n'as pas toujours conscience qu'il s'agit d'un état de stress ; et encore moins que cela puisse se résoudre. Or le stress n'est pas une fatalité. Il existe un bon stress, celui que tu déclenches avant une compétition et qui donne de l'énergie à la condition que tu restes concentré sur son objectif. Mais, trop souvent, il s'agit du mauvais stress. Celui-ci te rend inefficace, te fait perdre tes moyens et te rend la vie pénible. C'est toi-même qui le fabriques, aussi as-tu toi-même les moyens de le combattre. Alors voyons ensemble quels sont ces moyens de réduire ton mauvais stress voire de le faire disparaître.

Organise-toi

• **Pense à la somme de stress que tu pourrais t'éviter si tu t'organisais mieux !** Je parle notamment du stress en rapport avec ta scolarité. Rien qu'en luttant contre tes retards, tu gagnerais beaucoup en sérénité. Rappelle-toi tes battements de cœur en courant pour ne pas rater ton tram et ne pas voir les grilles de ton établissement scolaire se refermer sous ton nez. Pourtant, il t'aurait suffi de partir dix minutes plus tôt. Alors arrête de jouer avec tes nerfs et prépare tes affaires du lendemain la veille plutôt que le matin même, prévoie toujours un quart d'heure supplémentaire à tous tes temps de trajet et apprends à goûter au plaisir d'être en avance. D'ailleurs, si tu arrives en avance, prévois de te détendre, de régler par téléphone une affaire ou bien de lire quelques pages du livre à étudier pour l'école. **Organiser c'est aussi remplir son emploi du temps avec le plus de précisions possible et surtout le respecter.** Inscris-y des temps de loisirs, surtout si tu es un(e) grand(e) « bosseur(se) », afin de t'obliger à faire des pauses. Gère ton temps en tenant bien ton agenda qu'il soit sur ton Smartphone ou encore de papier. Mets en évidence dessus les éléments prioritaires. Fais-toi une liste des choses à faire que tu remanies régulièrement et que tu classes toujours • • •

• • • dans l'ordre suivant : urgent et important, urgent non important, non urgent, mais important, ni urgent ni important. Si tu prends trop de temps pour une affaire qui n'est pas urgente, laisse tomber et passe à autre chose avant de revenir dessus plus tard. Chaque semaine, fais le tri dans tes papiers qui s'empilent pour traiter ce que tu n'as pas traité (par exemple : lettre à envoyer), classer ce qui doit l'être et ne pas hésiter à jeter ce qui n'est pas utile. **Organise aussi ton espace de travail afin de limiter le temps perdu à rechercher les livres ou les cours dont tu as besoin.** Ton espace de travail ne doit pas être consacré à autre chose susceptible de distraire ton attention. Donc n'y laisse rien traîner qui ne soit utile pour travailler.

• **Évite de mener plusieurs tâches en même temps.** Même si tu te sens capable de faire plusieurs choses de concert, tu seras moins stressé(e) et plus efficace en décomposant ton travail étape par étape. Tu te demandes comment font ceux qui arrivent à faire tant de choses en une journée ? En plus d'une bonne organisation, ils ne perdent pas de temps en des activités non productives et, au final, pas relaxantes comme zapper devant sa télévision ou lire des posts idiots sur les réseaux sociaux. N'hésite pas à les imiter.

Relativise

• **Un bon moyen de démonter l'échafaudage de ton stress est de relativiser tes problèmes.** Quand tu as un ennui qui te stresse, tu ne penses qu'à ça, tu n'arrives plus à te concentrer sur autre chose, cela parasite jusqu'à tes loisirs, bref ça te prend la tête. Tu es comme un lapin paralysé par les phares d'une voiture qui approche et tu n'arrives même plus à penser comment t'en sortir. Pourtant ce souci est-il si grave que cela ? Est-il vraiment insurmontable ? N'as-tu pas, par le passé, connu des situations bien plus graves que tu as réussi à dépasser ? Réfléchis bien à ce problème. N'en as-tu pas connu de semblable auparavant ? Ce problème menace-t-il ton existence ? Celles de tes proches ? Bien sûr, on peut rencontrer des obstacles très difficiles, comme la maladie, contre lesquels il faudra mobiliser toute son énergie. Raison de plus d'apprendre à relativiser les petits soucis du quotidien qui grossissent à force de mettre le projecteur de ta pensée dessus. D'ailleurs, une fois que tu seras moins touché par cette difficulté, tu pourras mieux la cerner. Un peu comme si la fumée d'émotion autour d'elle s'étant dissipée, tu la voyais mieux. Mieux vue, mieux comprise, tu pourras mieux la combattre ou la régler.

Va chez le médecin

• Le stress peut se traduire par des signes tels qu'une fatigue, des difficultés à s'endormir, de la nervosité, une irritabilité, des troubles de la concentration, ou encore des troubles alimentaires. Un avis médical est alors nécessaire afin de s'assurer qu'il s'agit bien de stress et non pas d'une autre pathologie (qui peut d'ailleurs être associée à du stress) qui donnerait des symptômes similaires. Le médecin évaluera également le degré de stress et les conséquences éventuelles sur ton organisme. En effet, un stress chronique (c'est-à-dire un état de stress tout le temps présent) peut avoir des incidences sur ta santé. Raison de plus d'apprendre à réduire ce stress. Par exemple, il peut favoriser certaines migraines, des maladies de peau (eczéma) ou des maladies de l'estomac (ulcère).
Ton médecin pourra aussi te délivrer des conseils de gestion du stress, voire éventuellement t'adresser à un spécialiste (psychologue ou psychiatre) s'il juge ton stress sévère.

Découvre la patience

• **Tu appartiens à une génération où tout va très vite.** Les moyens de transport, les méthodes de fabrication et les nouveaux modes de communication sont tels qu'ils permettent à chacun d'obtenir une information, d'acquérir un objet ou de joindre quelqu'un en un rien de temps. Être patient(e) c'est résister au « tout, tout de suite ». Ce n'est pas renoncer à tes objectifs. Mais c'est le moyen de les réaliser sans stresser. Ne te presse pas, cela oppresse. La patience est une force. L'homme ou la femme patiente vont ramasser la mise quand tout le monde sera parti. Avec la patience, l'herbe se transforme en lait (grâce aux vaches bien sûr !). **Le stress est souvent lié à l'incapacité d'attendre.** • • •

• • • **Patienter ce n'est pas faire du surplace.** C'est avancer pas à pas, tout en réfléchissant à quel endroit bien poser le pas suivant. Regarder le sommet de la montagne que l'on doit escalader risque d'être stressant voire décourageant quand on est tout en bas. Le mieux pour rester motivé face à un but qui semble impossible à atteindre est de découper mentalement ton objectif en différentes étapes. Et de se fixer au jour le jour un objectif atteignable. Or c'est la patience qui te permet d'envisager l'ensemble en petites actions accessibles. **Patienter ce n'est pas rien faire.** Profite, en patientant, pour te faire du bien en rêvassant, en réfléchissant, en anticipant et en trouvant des solutions à tes problèmes.

Fais face au stress

• **Ne te laisse pas intimider par le stress, ni mener par le bout du nez par lui.** Fais-lui face. Affronte-le. Évalue de quoi il est fait. Pour bien faire face au stress, il est utile de rechercher des appuis. Par exemple en te confiant à des amis, à tes parents, en demandant de l'aide ou en modifiant ton mode de vie. Mobilise aussi tes ressources intérieures. Pour cela, par exemple rappelle-toi tes succès passés dans le même contexte que celui qui te stresse actuellement.

Ou en faisant des hypothèses positives qui viennent contredire les hypothèses négatives que le stress te fait imaginer. Face aux autres, cesse de te croire le centre du monde et des regards comme des critiques. **N'oublie pas que les autres sont d'abord préoccupés par leur propre image avant d'être centrés sur la tienne.** Ne crains pas de ne plus être aimé par tout le monde pour te préoccuper d'abord de savoir qui te plaît vraiment et qui t'intéresse. Arrête de juger tout, tout le temps et toi en particulier. Faire face au stress c'est ne pas craindre de t'exposer à plusieurs reprises à une situation stressante (par exemple : prendre la parole en public) pour y être de moins en moins sensible. Une exposition répétée et régulière pourrait te permettre d'obtenir une baisse permanente du stress dans cette situation. Il est bien entendu que ce doit être une situation qui vaille la peine de lutter. Faire face au stress c'est prendre conscience qu'il est sans doute démesuré compte tenu d'un problème qui te paraîtra tout petit dans un an ou ridicule en comparaison à des drames que subissent des personnes que tu pourrais connaître.

« Pour bien faire face au stress, il est utile de rechercher des appuis. »

Positive !

• **Il y a des jours comme ça où rien ne se passe comme prévu.** Ta relation amoureuse se détériore, ta meilleure amie se conduit mal avec toi, physiquement tu es fatigué, tu viens d'avoir coup sur coup deux très mauvaises notes, tes parents ne te laissent pas sortir. Alors le stress t'envahit. Tu as l'impression que le mauvais sort s'acharne. Pour tenir bon, je te conseille de penser à tout ce qui ne pose pas problème. Car, en état de stress, ton cerveau retient davantage le négatif que le positif. Pour contrecarrer cela, liste tout ce qui a fonctionné comme prévu ces derniers temps. **Pense à ce qui a été positif ces derniers jours et que tu occultes sous les mauvaises nouvelles.** Par exemple : tes parents ne se sont pas disputés depuis longtemps, tu as eu une moins mauvaise note que d'habitude en sciences physiques, ton score en jeux vidéo a progressé, tu as fait connaissance avec une nouvelle fille qui a l'air sympa, la nouvelle saison de ta série préférée va bientôt être diffusée, ton séjour au ski est confirmé pour les vacances prochaines.

« Pour tenir bon, je te conseille de penser à tout ce qui ne pose pas problème. »

• **N'as-tu pas remarqué autour de toi une fille ou un garçon pour qui la vie a l'air de sourire ou qui, en tout cas, ne se plaint jamais ?**
Si tu te renseignais sur sa vie, tu découvrirais qu'il ou elle a, comme toi, des contrariétés ou traverse parfois des moments pénibles. Mais la différence c'est que cette personne prête plus attention aux bons moments pour s'en réjouir et réfléchit le moins possible aux moments difficiles dans la mesure où elle ne peut pas agir dessus. Elle voit le verre à moitié plein plutôt qu'à moitié vide. Bref elle positive. Alors essaie de prendre modèle sur lui ou elle, la vie t'en sera plus agréable et moins stressante.

> « Face à de petits ou de très gros stress, il y a des issues pour les contourner. »

• **Positiver, c'est découvrir les opportunités qui s'offrent à toi quand une déconvenue survient.**
Face à de petits ou de très gros stress, il y a des issues pour les contourner. Bien entendu, tu es contrarié si l'on vient d'annuler un rendez-vous auquel tu t'étais préparé ou, pire encore, tu perds pied si ta blonde ou ton chum (« Petit ami » en québécois) t'annonce qu'elle ou il te quitte. • • •

• • • Mais passée la colère ou la douleur, prends conscience des possibilités que cela t'offre. **Un rendez-vous annulé c'est pour toi du temps de libre pour faire ce que tu ne trouves jamais le temps de faire car tu es trop stressé(e) justement.** Promène-toi sans but simplement pour le plaisir de découvrir un quartier ou faire des rencontres imprévues. Ton mec t'a quitté(e) ? Tu vas pouvoir refaire tout ce que tu ne faisais plus depuis que vous étiez en couple. Tu vas revoir les copines que tu ne voyais plus à cause de lui. Tu ne seras plus obligée de faire semblant de te passionner pour le foot ni de l'accompagner chaque week-end dans ce bar minable retrouver ses potes qui t'ennuyaient. Ce ne sera plus lui ta priorité, mais toi. Et pense aux nouvelles personnes dont tu vas pouvoir faire la connaissance. À propos, ce garçon que tu avais croisé à la piscine il y a une semaine, as-tu conservé son numéro de mobile ? Le changement provoque du stress, mais en faire une ouverture le fait disparaître.

café

Prends de la hauteur

• **Monte dans ta montgolfière. Pour ne pas te laisser étouffer par la somme de petits ou gros tracas, mets-toi mentalement au-dessus d'eux.** Éloigne tes pensées de ces préoccupations et prends du recul ou de la hauteur. Dans un embouteillage, si tu pouvais t'élever de dix mètres, tu verrais qu'il ne reste plus beaucoup de trajet et cela apaiserait ton stress. Pendant la pluie, il faut penser au beau temps qui viendra. Pour y parvenir, dans un premier temps note sur une feuille ou sur ta tablette la liste de tous tes soucis, y compris les plus minimes. Ensuite, pour chacun d'eux, réfléchis à un moyen d'améliorer la situation. Souvent c'est possible, pour d'autres il faudra patienter ou se faire une raison. Commence alors par régler ceux que tu peux régler, importants ou pas. La pile de soucis s'en trouvera diminuée et le stress avec.

« Pendant la pluie, il faut penser au beau temps qui viendra. »

• **S'élever au-dessus des soucis qui génèrent le stress c'est éviter d'avoir le nez dessus et éviter d'oublier le reste de ton existence qui en est l'essentiel** : ta scolarité, tes parents, tes amis, tes amours, tes loisirs, ta santé, tes actions associatives ou religieuses. Penser à autre chose que tes soucis ne t'empêchera pas de les résoudre, et cela t'évitera des réactions de stress permanentes qui t'empêchent de réfléchir à des solutions. Un gravier dans ta chaussure ne doit pas t'empêcher d'avancer. Des soucis nous accompagnent toute notre vie, ne voir que cela, ne penser qu'à ça, te fera passer à côté de ta vie.

Considère tes échecs comme les marches d'un escalier

• **Parmi les sources de ton stress tu vas trouver tes différents échecs passés, petits ou grands, quel qu'en soit le domaine : scolaire, sportif, amical, artistique ou autres.** Tu te fixes des objectifs que tu ne parviens pas toujours à atteindre. Tu espères des réussites qui ne sont pas au rendez-vous. Ces défaites, ces déconvenues, ces déceptions te donnent le sentiment de s'accumuler. Et tu finis par croire que tu es nul ou encore que tu es malchanceux. • • •

• • • Devenu persuadé(e) que tu vas rater, tu n'oses plus rien tenter. Mais, surtout, avant une épreuve quelconque, tu vas stresser comme si tu avais plus de risques que tous les autres d'échouer. Pourtant tout n'est pas une question de chance. Pour chacun de tes échecs, recherche sinon la ou les causes, mais au moins les facteurs qui ont favorisé cet échec. Par exemple, un échec sportif peut se comprendre par un manque de sommeil. Trouver des explications aide à éviter les mêmes erreurs la fois suivante. Grâce à la compréhension de l'échec, tu vas pouvoir t'améliorer et accroître tes possibilités de succès. Ainsi le fait d'avoir échoué peut t'aider au final à réussir. Chaque échec est un entraînement ou un brouillon. Et, si tu en as compris les racines, c'est une marche de l'escalier vers la réussite.

« Grâce à la compréhension de l'échec, tu vas pouvoir t'améliorer et accroître tes possibilités de succès. »

Dors !

• **Les adolescents, en moyenne, dorment moins que ne le voudraient leurs besoins en sommeil.** Pourtant, dormir est le meilleur remède contre le stress. Le cerveau, durant le sommeil, « répare » toutes les zones endommagées par le stress et fabrique des remèdes contre les effets du stress à venir. Rêver permet de réguler tes émotions négatives et aide à trouver des solutions à certains problèmes de la veille. Huit heures en moyenne par nuit, bien mesurées entre l'heure où tu t'endors et celle où tu te réveilles, sont un bon minimum. • • •

• • • Si tu ne parviens pas à te coucher suffisamment tôt, fixe-toi cependant un horaire à ne pas dépasser. Et repère les heures auxquelles tu t'endors. **Nous sommes tous soumis à un cycle.** Toutes les deux heures environ, le « train » du sommeil passe et, si l'on monte dedans, on s'endort aussitôt. Pour moi, par exemple, c'est 22 heures, minuit, 2 heures. Repère quelles sont tes heures de passage du train du sommeil. Si tu te couches entre les deux, à moins d'être épuisé(e), tu risques de patienter une heure en tournant dans ton lit. Le mieux est de te coucher vingt minutes avant le passage de ton train, mais de te mettre vraiment en condition de « voyage nocturne », c'est-à-dire dépouillé(e) de téléphone, de télé, de tablette, de sons et de lumière. Essaie, ce n'est pas facile, mais au bout de quelques nuits tu seras étonné(e) de l'efficacité. Et surtout tu te découvriras beaucoup moins stressé(e) après quelques nuits vraiment complètes de sommeil.

Déconnecte

• **Sais-tu combien de temps tu passes par semaine devant tes écrans de tablette, de Smartphone, d'ordinateur et de télévision ?** Tu serais surpris(e) de constater que, sur l'année, c'est autant que d'heures passées en cours. Sans compter que certains ados regardent leur écran à l'école. **Or, si les écrans sont une source d'information et de divertissement, leur consacrer un excès de temps est une source majeure de stress.** Les jeux vidéo sont moins stressants par leur contenu que par le temps qu'on y passe. En effet, ils ne défoulent pas. On est aussi énervé, sinon plus, après avoir joué qu'avant. Si tu consacrais autant de temps au sport, tu serais véritablement apaisé(e), déstressé(e), car l'activité physique fait sécréter dans ton cerveau et dans ton corps des neuromédiateurs et des hormones antistress. Peut-être préfères-tu les réseaux sociaux aux jeux ? Tu as du plaisir à les consulter et à communiquer avec. Ces réseaux sont divertissants. Ils maintiennent le lien avec tes amis ou te mettent en contact avec d'autres, cependant ils sont aussi une source de stress. • • •

• • • En effet, il est démontré que les soucis de tes amis affichés sur ces réseaux, que tu regardes au quotidien, finissent par générer chez toi du stress. Tout se passe comme si ces problèmes étalés sous tes yeux étaient contagieux. Les filles seraient davantage victimes de cette « pollution » mentale que les garçons. **À l'inverse, beaucoup d'ados souffrent de voir le pseudo-bonheur affiché par leurs « amis » sur les réseaux et stressent à cause du sentiment que leur propre vie n'est pas aussi « fun ».** Enfin il y a des ados qui stressent en raison des commentaires moqueurs voire insultants au sujet de ce qu'ils mettent en ligne. Retiens que les écrans sont des sources de stress par leur contenu, mais aussi parce que le temps que tu y consacres te prive d'activités vraiment déstressantes. Pense à tout ce que tu pourrais faire en quatre heures par jour, ce qui est le temps moyen que consacrent beaucoup d'adolescents devant un écran. Alors écoute ce conseil de Léo, 15 ans : profite des week-ends et des vacances pour déconnecter et passe au mode réel.

« Les filles seraient davantage victimes de cette « pollution » mentale que les garçons. »

Sois sympa avec toi

• **Peut-être es-tu trop sévère avec toi-même ?** On te trouve parfois dur(e), critique, exigeant(e) avec les autres, mais il est possible que tu le sois encore plus avec toi. Tu n'es alors jamais satisfait(e) de tes résultats à l'école ou de ton comportement. Tu culpabilises car tu n'atteins pas tes objectifs dans divers domaines. Mais ne te mets-tu pas la barre trop haut ? Tu penses toujours devoir mieux faire. C'est sans doute ce qui te fait progresser, mais aussi ce qui te stresse. • • •

• • • Fais au mieux de tes possibilités, mais retiens que, si tu peux définir tes objectifs, contrôler tes actions, tu n'as pas en revanche tout pouvoir sur le résultat. Si tu échoues, comprends-en les raisons, mais ne perds pas ton temps à te le reprocher. Pour réussir, il faut tenter, or tenter c'est parfois échouer. **Aussi, plus tu échoues, plus tu as de chances de réussir.** Garde ton envie de bien faire, mais accorde-toi du répit et accepte de te faire du bien. Sois aussi vigilant(e) à t'offrir un peu de bien-être qu'à bien apprendre ou bien te conduire avec autrui. Prends-toi par exemple du temps pour un bain chaud aux sels de bain relaxants ou pour commencer un roman d'aventure allongé(e) sur ton divan. Même les meilleurs moteurs ont besoin de s'arrêter de tourner. Ne culpabilise pas. Ces temps de pause sans contrainte t'aideront à te ressourcer, dissiperont ton stress et te rendront plus efficace ensuite. Alors n'attends pas demain et fais-toi un peu de bien dès aujourd'hui.

Respire et regarde

• **Il n'y a pas besoin d'être un moine bouddhiste pour apprendre à méditer.** C'est à ta portée, même si cela demande un minimum d'entraînement. Cette méditation permet de te détacher mentalement de tous les types de stress. Avant de savoir méditer, il faut savoir respirer. Tu le fais tous les jours, mais as-tu vraiment conscience de respirer ? Pour cela installe-toi confortablement dans un lieu calme et silencieux, sur ton lit ou dans un fauteuil. Ton téléphone est éteint car tu ne dois pas être dérangé pendant un quart d'heure. Dans un premier temps, tu ne penses qu'à ta respiration, à l'air qui entre dans tes poumons et à l'air qui en sort. Tu respires à un rythme ordinaire, mais tu focalises toutes tes pensées sur cette activité que tu fais habituellement sans y penser justement. **Cet exercice que tu peux faire quotidiennement va te reposer le cerveau.** Quand on est stressé, le cerveau est envahi de pensées inquiétantes ou négatives. Respirer profondément et penser à ta respiration t'apprend à appuyer sur la touche pause. Tu peux aussi respirer à deux avec un(e) ami(e) ou un(e) amoureux(se). Mettez-vous dos à dos et respirez ensemble au même rythme tout en ne pensant qu'à ta respiration et à celle de ta(ton) partenaire.

Lâche prise !

• **Laisser « courir » est parfois nécessaire.**
Le stress te déborde car tu n'arrives pas à mener à bien tout ce que tu dois faire malgré l'ensemble de tes efforts. Tu veux tout contrôler, tout maîtriser, tout régler alors qu'en fait c'est impossible pour toi, et pour tout le monde. La somme de choses à régler te dépasse. Continuer envers et contre tout est parfois contre-productif. Car tu finis alors par te vider inutilement de ton énergie. Il faut savoir renoncer, laisser couler, devenir flexible. Sous le vent violent, le chêne résiste jusqu'à ce qu'il craque, tandis que le roseau flexible plie, mais ne rompt pas. **Il est bon de reconnaître ses limites et de quitter parfois le terrain, ne serait-ce que provisoirement.** Cela ne signifie pas qu'il faille renoncer à agir. Mais il faut le faire dans la mesure de tes possibilités. Lors d'un devoir sur table, inutile de passer une heure et de te buter sur un exercice auquel tu ne comprends rien. Fais d'abord tous les exercices qui te paraissent plus simples et garde le temps qu'il te reste pour celui qui te prend la tête. Si tu te stresses depuis

« Continuer envers et contre tout est parfois contre-productif. »

des jours car tu n'arrives pas à faire comprendre à cette amie qui te fait la tête que tu ne t'es pas mal conduite avec elle et que tout cela est un immense malentendu, explique-lui tout cela par écrit une bonne fois pour toutes, ne la supplie plus et attends qu'elle revienne vers toi. En attendant, va vers d'autres filles. Lâcher prise ce n'est pas tomber dans le vide, c'est décrocher pour ensuite t'accrocher à autre chose qui est accessible et confortable.

Relaxe ton corps

• **Une fois que tu as bien pris conscience de ta respiration, apprends à te relaxer le corps.** La relaxation est l'un des principaux remèdes contre le stress. Avant de commencer, isole-toi de tout bruit et de toute lumière vive durant quinze à trente minutes. Allonge-toi confortablement sur le dos la tête sur un coussin, les bras le long du corps, les jambes rapprochées, les pieds en éventail et les paumes des mains tournées vers le haut. Ferme les yeux. Laisse-toi aller, éventuellement sur une musique apaisante sans parole. Dans un premier temps, respire par le nez. Tu vas prendre conscience de l'air qui entre et sort. Prends conscience aussi de la poitrine ou, mieux, du ventre qui se soulève et s'enfonce ...

• • • lors de cette respiration. Puis visualise mentalement l'ensemble de ton anatomie comme si tu étais au-dessus de toi. Concentre-toi sur les différents muscles de ton corps, les uns après les autres. Prends conscience de tes orteils, puis de tes pieds. Prends conscience de leur poids. Ils te semblent lourds. Puis remonte : tes chevilles, tes mollets. Les uns après les autres tu ressens leurs poids. Maintenant, pense à chacun de tes groupes de muscles. Imagine qu'ils sont très lourds. D'abord les muscles de tes pieds, puis ceux de tes jambes (mollets), de tes cuisses (quadriceps), de ton abdomen (abdominaux), de ton dos, de ta poitrine (pectoraux), de tes avant-bras, de tes bras, de tes mains. Termine par la nuque et la tête. Entre chaque muscle pense à l'air qui entre et sort de tes poumons. Dans un deuxième temps, revois en pensées ces différents muscles et imagine-les envahis par une chaleur douce et réconfortante. C'est l'ensemble de ton corps qui sera au final relaxé.

Écoute la voix du silence

• **Es-tu souvent en situation de silence absolu quand tu ne dors pas ?** Vraiment absolu, sans un bruit. La réponse est certainement non. L'es-tu parfois ? Il n'est pas certain que la réponse soit positive tant, même la nuit, l'insonorisation est incomplète dans les logements. Si elle l'est, il est probable que tu t'arranges pour mettre du son avant de t'endormir. Le silence absolu est trop souvent vécu comme oppressant par les ados. Pourtant, se placer en situation de silence est un bon exercice préparatoire à la méditation dont je te parlerai ensuite et qui est l'un des traitements les plus perfectionnés contre le stress. C'est en pleine campagne ou en forêt que tu découvriras, non pas le silence, mais la voix de la nature : le chant du vent, celui des oiseaux ou des insectes. Tous ces bruits insolites de la nature vont t'aider à te décentrer de toi-même en pensée. Après une de ces promenades, installe-toi confortablement dans une pièce calme avec une lumière tamisée et observe, un par un, certains des objets qui sont autour de toi. Regarde leur forme, leur volume, leur couleur, leur texture, les contrastes d'ombre et de lumière dessus. Ne porte sur ces objets aucun jugement, ne fais aucun raisonnement. Fais comme si tu les voyais pour la première fois. • • •

• • • **Un autre exercice préparatoire à la méditation consiste à regarder, toujours isolé dans cette pièce, une image comme celle d'un tableau par exemple.** Observe chaque détail et imagine qu'elle s'anime. Par exemple si l'image représente un personnage, imagine qu'il se met à marcher. Si c'est un arbre, imagine que ses branches se meuvent dans le vent. Puis, en fermant les yeux, imagine-toi peu à peu dans l'image. Dans un second temps, imagine-toi te déplaçant dans l'image et la quittant. Imagine-toi sortir du cadre et regarder l'image qui redevient statique. Ces exercices mentaux sont relaxants. Ils aident à te déconnecter du stress. Ils sont aussi un préalable aux exercices de méditation.

Médite

• **Quand tu parviendras sans difficulté à te déconnecter en ne pensant qu'à ta respiration, tu pourras passer à l'étape supérieure qui consiste à laisser circuler tes pensées dans ta tête sans t'y arrêter.** Toujours installé(e) confortablement, tu laisses les pensées aller et venir spontanément. Comme tu es stressé(e), tu vas sans doute penser aux devoirs qui te restent à finir avant la fin du week-end, à tes parents qui parlent de divorcer, à ta cousine qui a un problème de santé, à ton poids qui est trop élevé, ou encore à ton ami(e) qui n'est plus comme avant. Méditer c'est être attentif à ce qui traverse ton esprit, mais ce n'est pas penser. C'est encore moins analyser tes pensées. La méditation consiste à laisser passer ces pensées comme des voitures ou des minividéos sans les arrêter. Tu ne cherches pas de solution. Tu ne te morfonds pas. Tu n'essaies pas de chasser ces pensées de ton esprit en pensant à autre chose. Tu es un observateur attentif, mais neutre de ton paysage intérieur. Tu ne censures aucune pensée, aucune idée, aucun concept. Tu les regardes diffuser comme si tu n'étais pas directement touché(e) par elles. Elles défilent, tu les regardes avec le moins d'émotion possible, comme si tu n'étais pas concerné(e) par elles. Quand tu médites, tu as les pieds sur terre et les têtes dans les étoiles. Ou plutôt dans l'espace intersidéral où le temps (dont l'écoulement nous angoisse tant) n'existe pas. Les étoiles sont les pensées, tu les observes comme des objets de curiosité, mais tu les laisses à distance de toi. Ainsi elles ne génèrent aucun stress en toi. La méditation, que certains pratiquent quotidiennement, te permet de considérer comme étrangers à toi des sentiments aussi divers que l'ennui, la contrariété, la colère, la frustration. Ainsi elle te déconditionne des situations de stress.

« Méditer c'est être attentif à ce qui traverse ton esprit, mais ce n'est pas penser. C'est encore moins analyser tes pensées. »

Pratique le yoga

• **Le yoga a été élaboré en Inde il y a plusieurs millénaires.** C'est une vaste méthode de développement personnel tout en étant d'abord une pratique spirituelle. Il se pratique en groupe et ne demande pas de compétences particulières. Mais, une fois formé(e), tu peux faire des exercices seul(e) chez toi ou n'importe où tu peux t'isoler. Le yoga facilite la détente musculaire et mentale. C'est un très bon remède antistress. Il existe plusieurs styles de yoga. Cependant, leurs points communs sont les postures et les techniques respiratoires. Sa pratique comprend donc des exercices de respiration. Selon la médecine traditionnelle indienne, la vie d'un être humain ne se mesure pas en jours, mais en nombre de respirations. Elle comprend aussi des postures. Ces postures qui entraînent des flexions, torsions et étirements agissent sur les muscles, mais aussi sur les organes et la circulation sanguine. Maintenues un certain temps, ces postures invitent à la concentration voire à la méditation. L'efficacité de la pratique du yoga sur le stress n'est plus à démontrer.

Bouge

• **Lâche ton écran et bouge.** Chausse tes baskets, monte sur ton vélo, enfile ton maillot de bain et active ton corps. C'est l'une des meilleures formules antistress qui soient. Le bien-être mental et le bien-être physique sont liés. Le sport ne règle pas tes soucis. Mais il t'aide à prendre du recul sur eux. Sa pratique régulière possède des bienfaits à court terme évidents grâce à une sensation de bien-être immédiat. Il en a aussi à moyen terme : réduction du stress, réduction de l'agressivité, meilleur sommeil, idées claires et meilleure analyse des problèmes. En nageant et en courant, l'énergie de ton stress va être mobilisée. • • •

• • • Ton cerveau, moins envahi par lui, bien oxygéné, pourra réfléchir plus sereinement aux solutions. Par ailleurs, le sport diminue le stress perçu. Une activité physique régulière va déclencher dans ton cerveau la sécrétion d'endorphines. C'est une morphine naturelle qui agit directement contre le stress. De la dopamine est également sécrétée, ce qui induit un état de bien-être et une vision positive des choses. Pratiquer un sport c'est apprendre à supporter la frustration pour atteindre un but. Ça aide aussi à apprivoiser l'échec et à maîtriser ses émotions négatives, autant de facteurs en lien avec l'état de stress au quotidien. **Le sport est donc une bonne réponse à apporter à un état de stress, mais c'est aussi un moyen de prévenir son apparition.** Et c'est efficace dès trente minutes par jour de pratique à raison de cinq fois par semaine.

« Pratiquer un sport c'est apprendre à supporter la frustration pour atteindre un but. »

Le stress, ça se mange !

• Tu peux soigner ton stress en mangeant. En effet, les aliments ont un impact sur ton état émotionnel. Et, selon ce que tu manges habituellement, tu vas être plus ou moins stressé(e). Il est démontré qu'un excès d'apport en certains sucres et certaines graisses favorise l'état de stress. Réduis tes apports en sucre de table, pâtisseries et jus de fruits industriels ou sodas. Si tu aimes manger sucré, privilégie les sucres naturels en mangeant des fruits ou du miel car ils contiennent des composants antistress qui compensent l'apport excessif de sucre. Si les huiles d'assaisonnement comme l'huile d'olive ou de colza sont bonnes pour la santé, attention aux huiles de cuissons qui recouvrent tes viandes ou tes frites. Pour lutter contre le stress, il existe des aliments qui jouent un rôle positif comme le chocolat noir ou les poissons gras (type saumon, maquereau, hareng, morue). Mais le plus sage est de manger diversifié (des légumes verts ou rouges, des fruits, des féculents comme le riz ou des légumineuses comme les lentilles), de ne pas sauter de repas et en particulier le petit déjeuner et de ne pas grignoter entre les repas.

Désintoxique-toi

- Un certain nombre de produits que l'on prend souvent pour se détendre vont, au final, augmenter ton stress. Alors autant ne pas commencer à en consommer. Sinon, stoppe ton intoxication au plus tôt. Le café, ce peut être bon, mais à petite dose. La caféine contenue dans le café entraîne les mêmes signes que le stress (augmentation des battements du cœur, endormissement retardé). Note que le thé, certains colas et des boissons dites énergisantes contiennent également de la caféine.

- Arrête aussi de boire de l'alcool. Quand tu prends un verre d'alcool, tes muscles au début se détendent et ton esprit lâche prise. C'est pourquoi quand on est stressé on peut être tenté d'en boire. Mais, une fois ce premier effet passé, il y a, après quelques heures, comme un rebond de l'anxiété qui devient au final plus importante qu'elle ne l'était avant d'en prendre.

« L'alcool, le tabac ou le cannabis sont de faux remèdes au stress et de faux amis en général. »

- **Le tabac contient de la nicotine qui est un produit qui entraîne une sécrétion de dopamine qui met en état d'euphorie.** Cependant, à l'arrêt de l'effet débute un état de manque stressant qui pousse à fumer de nouveau. La nicotine induit aussi directement une augmentation de sécrétion d'adrénaline qui est l'hormone du stress.

- **Le cannabis généralement induit un état de relaxation avec un sentiment euphorique.** Cependant, il amplifie également l'état émotionnel dans lequel on se trouve. Or, un état de stress peut, à cette occasion, se renforcer et donner un *bad trip*. Il existe aussi d'autres mauvaises réactions à la prise de cannabis qui peuvent se traduire par des crises d'angoisse très vives. L'alcool, le tabac ou le cannabis sont de faux remèdes au stress et de faux amis en général.

Débusque tes sources de stress

• **Les sources de stress sont variables d'un ado à l'autre.** Certains sont dépassés par la charge de travail scolaire. D'autres le sont par les relations avec les autres. D'autres encore sont stressés par des problèmes familiaux. Si tu te sens stressé(e), essaie de savoir précisément pourquoi. Prends le temps de réfléchir à ce qui t'agite. Fais un état des lieux de ce qui est important pour toi et arrête-toi sur ce qui te met mal à l'aise. Note-le et continue ton inventaire car un stress peut en cacher un autre et il est possible qu'il existe en fait plusieurs choses qui te stressent. Le meilleur moment pour réfléchir à ce qui te stresse c'est de le faire dans des moments où tu as un peu de temps devant toi, où tu es détendu et sans action à mener, par exemple en prenant un bain. Une fois que tu as déterminé les facteurs qui te stressent mets-leur une note de 1 à 4 selon le schéma suivant :

1. peu stressant

2. moyennement stressant

3. très stressant

4. insupportable

Et réfléchis à une solution surtout pour ceux qui sont notés 3 ou 4

Vois aussi plus loin encore dans tes recherches. Surtout si tu es de nature à stresser pour un rien. Quelle en est l'explication ? Prends-tu modèle sur un de tes parents qui est dans ce cas ? Es-tu stressé(e) en raison d'un accident survenu dans ton enfance qui t'aurait rendu, depuis, hypervigilant(e) à tout ? Bref n'hésite pas à rechercher ce qui, dans ton histoire, a pu te rendre hypersensible à ton environnement, toujours sur tes gardes et donc très facilement stressé(e).

« Si tu te sens stressé(e), essaie de savoir précisément pourquoi. Prends le temps de réfléchir à ce qui t'agite. »

Hallucine

• **Une autre méthode complémentaire consiste, quand tu es en situation de stress, à visualiser mentalement des scènes agréables.** Il s'agit d'une sorte de cinéma privé que tu te projettes. Installé commodément, tu fermes les yeux et tu penses à des images qui te font du bien, qui t'apaisent, un souvenir de vacances précis, à ta plage préférée ou à ton amoureux(se) avec qui tu te promenais de façon romantique la semaine dernière au bord du lac Léman. Tu peux appliquer cette méthode en situation d'examen si le stress te donne l'impression d'avoir tout oublié.

Tu peux compléter les exercices de respiration par ces exercices de visualisation, l'efficacité n'en sera que plus importante. Visualise par exemple que tout va bien, que l'examen de demain va se passer sans difficulté ou que ton rendez-vous sera une réussite. Mais la visualisation ce n'est pas seulement te caresser l'esprit par des images agréables. C'est aussi anticiper le plus objectivement ce qui t'attend. Si prendre la parole devant toute la classe te stresse, imagine-toi auparavant en train de le faire avec tes différents ressentis. La visualisation c'est définir un objectif à atteindre, un seul à la fois. Puis de créer des images dans ta tête, avec le plus de détails possibles, qui correspondent à cet objectif, par exemple un premier rendez-vous amoureux. Enfin, ta visualisation doit montrer une réussite qui sera la réalisation de cet objectif. Le mieux est de ne pas seulement voir, mais aussi de sentir, ressentir, entendre, goûter, c'est-à-dire vivre totalement la scène en question.
Visualiser du positif et de la réussite prépare ton cerveau aux choses positives et aux réussites, en libère mentalement la voie.

Communique

• **Le stress se dilue dans la parole. Face au stress, ne fais pas cavalier seul.**

• **Confie-toi, à des personnes de confiance bien entendu, sur ce qui te préoccupe.** Fais appel à un ami ou à une personne bien informée. Ne garde pas tes soucis pour toi. Prends le temps de te renseigner aux bonnes sources (livres, professionnels, sites internet sérieux). Communique également avec ceux qui te posent problème. Le stress naît souvent du fait que tu ne sais pas ce que l'autre attend de toi, que ce soit un ami, un parent, un professeur, un voisin ou un inconnu. Les malentendus sont à l'origine de beaucoup de situations stressantes. Il est préférable de poser des questions, même si tu as peur de passer pour un(e) imbécile, plutôt que de laisser s'installer les tensions. Il faut aussi dire quand une situation te dérange avant qu'elle ne devienne vraiment stressante. **Fais le point sur l'ensemble de tes relations actuelles.** Repère les « zones » de conflits, de malaise qui te prennent la tête. Et va à la rencontre des personnes avec qui ces tensions existent pour en parler, tenter de les éclairer voire de les résoudre. Prends ton courage à deux mains et expose à cette personne de manière claire les faits conflictuels. Dis-lui par exemple que tu ne supportes plus qu'elle dise du mal derrière ton dos. Dis ouvertement ce qui te gêne dans la situation et propose des pistes de solutions. Communiquer c'est le meilleur moyen d'être bien intégré(e) socialement. Alors arrête de supposer, demande ; arrête de ruminer, parle !

Renonce

• **Pour réduire les risques de stress, il y a un certain nombre d'attentes auxquelles tu dois savoir renoncer.** Être apprécié(e) de tous est la première d'entre elles. C'est impossible d'avoir l'approbation de tout le monde. Tu ne pourras, dans ce que tu dis, ce que tu fais, ce que tu décides, contenter l'ensemble de ton entourage. Pense d'abord à te satisfaire ainsi qu'à satisfaire ceux qui comptent pour toi en tenant compte de ceux qui ont du pouvoir sur toi.

• **Dans un autre ordre d'idées, renonce aussi à avoir un corps parfait.** Très rares sont les ados qui soient totalement heureux de leur apparence. D'autant plus que celle-ci, à ton âge, ne cesse de changer. Améliore ce que tu peux, mais ne le fais pas aux dépens de ta santé ou de ta joie de vivre et reste unique avec ce que tu crois être des défauts. • • •

• • • • **Renonce aussi à ne regarder qu'en arrière.** Halte aux regrets ! Laisse le passé à sa place et cesse les ruminations, les « j'aurais dû », les « pourquoi j'ai pas fait ça ? » Fais tout pour ne pas répéter tes erreurs, pour en tirer une leçon, mais abstiens-toi de regretter en permanence car c'est stérile et stressant. Va de l'avant. C'est devant qu'est ta vie !

• **Renonce également à l'envie, à la jalousie.** Bien sûr qu'elle est plus jolie, qu'il réussit mieux en classe, qu'elle a un petit copain canon, que ses parents sont richissimes, qu'elle danse super bien, qu'il est très populaire… La liste est longue des personnes sur terre que tu pourrais envier. Mais l'envie est un gros producteur de stress et une grosse perte de temps. Et n'oublie pas tous ceux qui, sur cette planète, pourraient t'envier.

• **Renonce enfin à tout contrôler dans ta vie.** C'est un objectif impossible et donc une source de stress permanente. Évite le danger, mais accepte l'imprévu. Une vie c'est un film qu'on n'a pas déjà vu, pas une rediffusion.

Fais le ménage !

• **Il y a aussi des méthodes plus légères pour apaiser des moments de stress.** Une étude récente a montré que faire le ménage avait les mêmes vertus sur le stress que le sport. Une bonne raison de nettoyer ta chambre :-).
Les raisons en sont sans doute plurielles. D'abord le ménage nécessite une certaine dépense physique à l'instar des activités sportives. Et nettoyer son espace vital peut être vécu comme une façon de nettoyer son esprit. Lors de ces activités ménagères, qui ne demandent pas une réflexion existentielle intense, ton esprit est cependant occupé par un objectif précis qui l'occupe tout entier ; ainsi, en pensant au ménage que tu fais, tu soulages ton cerveau des pensées négatives. **Faire le ménage te ramène sur terre, à des préoccupations concrètes loin des idées farfelues qui, parfois, te stressent inutilement.**
Quand on est stressé, on a tendance à négliger le rangement et la propreté de sa chambre. Elle devient alors le reflet de ton état émotionnel. Or un intérieur en désordre risque d'entretenir cet état de stress en te donnant le sentiment de ne plus contrôler ton environnement. Alors balaie, aspire ou époussette ton stress régulièrement.

Masse-toi

• **Le massage détend tes muscles que le stress contracte.** Se faire masser est un bon truc contre le stress. Mais on n'a pas toujours sous la main un(e) ami(e) qui sait et qui veut bien te masser. **Alors apprends à te masser toi-même.** Ce n'est pas compliqué ! Tu peux masser différentes parties du corps. Pour la tête commence à tapoter ton crâne avec un poing en partant du centre et en formant une spirale en couvrant l'ensemble du crâne. Puis, avec tous tes doigts, frotte ton front de haut en bas. Ensuite avec le bout des doigts masse tes tempes en formant de petits cercles. Après masse tes sourcils du dedans en dehors. Continue en massant tes pommettes toujours de dedans (à partir du nez) en dehors. Fractionne ensuite de haut en bas les ailes de ton nez avec deux doigts. Masse alors le menton, toujours du dedans en dehors. Place tes doigts à plat sur les oreilles pour les frictionner. Enfin, place tes mains à plat en haut de la nuque et masse le bas du crâne horizontalement. **Apprends aussi à t'automasser les épaules, les bras, les jambes et le thorax.** On n'est jamais aussi bien servi que par soi-même :-).

Lis

• **Il existe au moins un livre pour chacun d'entre nous.** C'est comme un ami qu'on ne connaît pas encore. Il est quelque part, il t'attend pour te guider ou vagabonder avec toi, mais il faut en feuilleter plusieurs avant de le découvrir. Il existe des livres de conseils comme celui-ci qui t'aident à voir plus clair en toi et qui te font profiter de l'expérience et du savoir de leurs auteurs pour vivre mieux et plus sereinement. Mais il y a aussi des livres qui t'emmènent en voyage dans une fiction où tu te retrouveras et qui changent ta façon de voir le monde ou ta propre vie. Quand tu lis, ton esprit quitte le champ du stress pour un territoire nouveau qui, même s'il peut être inquiétant, te donne un recul bienfaisant sur ton quotidien. C'est une porte par laquelle tu peux t'échapper. **Demande aux gens qui te ressemblent de te conseiller un livre qui a changé leur vie.** Demande conseil aussi à un bibliothécaire ou à une libraire qui saura, après avoir posé des questions sur tes goûts et tes attentes, t'indiquer le livre qui pourrait changer ton regard ou te faire décoller.

Prends ton stylo

• **Tu n'es pas obligé(e) de vouloir être écrivain pour écrire.** Ni de bien écrire. On n'est pas obligé d'être champion d'athlétisme pour courir, c'est pareil pour l'écriture. Écrire chaque jour une dizaine de minutes est un bon remède antistress. **Il s'agit d'écrire pour toi, pas de faire des écrits scolaires.** Ces écritures ne sont pas destinées à être lues par d'autres que toi. Écris-toi à toi-même, écris pour toi. Que ce soit sur l'application de notes de ton Smartphone ou sur un petit carnet à papier que tu conserves avec toi. Ce peut être tes pensées du moment, de la journée. Ne te sens pas obligé(e) de noter le détail de ce que tu as fait.

Note une phrase que tu as entendue et qui t'a amusé ou marqué. Note tes espoirs, tes désirs, tes envies réalisables ou non. Ce peut être, à l'inverse, les contrariétés, les regrets, les colères de la journée. Note tes idées aussi bien quand elles concernent un devoir de philosophie ou de français que simplement des réflexions personnelles sur l'existence. Écris tes rêves nocturnes comme tu raconterais le scénario d'un film fantastique que tu venais de voir sans forcément chercher à en comprendre le sens caché. **Écrire t'aide à vider ton sac pour y découvrir des merveilles ou pour jeter ce qui te pèse.** C'est pourquoi écrire est un formidable moyen d'éviter que le stress ne s'accumule en toi et pour t'en libérer s'il emplit ton cerveau.

Cinq petits remèdes agréables contre le stress

• Pour terminer, il existe, parmi les méthodes antistress, quelques-unes qui mériteraient d'être mieux connues. En voici cinq qui ont l'avantage de joindre l'utile à l'agréable et qui sont pourtant d'une efficacité absolue.

1. Embrasse ton ou ta chéri(e).

En effet, embrasser fréquemment son amoureux(se) réduit le stress aigu et chronique. Cela déclenche la sécrétion d'hormones relaxantes. Alors ne t'en prive pas ;-).

2. Mieux encore, si tu en as l'âge, fais l'amour avec ton ou ta petit(e) ami(e).

En plus d'être agréable, c'est très efficace sur le stress. Toutes les hormones et tous les neuromédiateurs antistress sont sécrétés à cette occasion.

3. Rigole !

Le rire déclenche une succession de sécrétions positives dans le cerveau qui contribue à effacer le stress. Sous cape ou à gorge déployée, ne rate aucune occasion de rire. D'ailleurs rire est le propre de l'homme.

4. Fais corps avec la nature.
Si tu vis en ville, profite du week-end pour aller en forêt, en montagne, dans la campagne ou au bord de la mer. Au contact de la nature habituellement notre état émotionnel s'apaise surtout s'il n'y a pas trop de monde autour de soi.

5. Les amis sont présents pour partager tes joies, tes loisirs, tes aventures, mais aussi tes soucis, tes peines et ton stress.
Des études ont montré qu'avoir des amis est un facteur de protection contre le stress. En cas de problèmes générateurs de stress, ils sont un soutien émotionnel et t'aident à aller de l'avant.

Pour conclure

• **Nous ne sommes pas tous égaux face au stress.** Si deux ados sont coincés dans un ascenseur, l'un d'eux va craquer et paniquer car il a déjà un niveau de stress élevé tandis que l'autre va rester calme en attendant qu'on vienne débloquer l'ascenseur. Mais un même adolescent, selon sa fatigue ou son état émotionnel, réagira différemment lors de moments différents de sa vie s'il se trouve coincé dans un ascenseur. **Le stress est un signal d'alarme.** Un signal d'alarme est bien utile si un cambrioleur entre chez toi. Mais il ne résout pas le problème. C'est à toi de réagir comme il convient, d'appeler les forces de l'ordre si nécessaire. Mais ce signal d'alarme peut aussi dysfonctionner ou se mettre en route parce que le chat de la maison passe devant un récepteur. Le stress c'est pareil : il peut être déclenché par un problème sérieux, mais aussi par un problème imaginaire.

• **Le stress est parfois si important qu'il te fait perdre du temps, qu'il t'empêche d'agir comme il le faudrait, d'agir efficacement.** Aussi, il te faut apprendre à ne pas te laisser dominer par le stress. Lutter contre le stress, tu l'as vu dans ce qui précède, nécessite donc un travail de fond pour être globalement moins stressé(e) et un travail sur le moment au cas où un état de stress survient à l'occasion d'une fatigue passagère. Pour vaincre le stress ou le rabaisser, il y a deux axes de combat. Le premier c'est la recherche des causes de ton stress pour les traiter une par une. Le second c'est agir sur l'ensemble de ton corps et de ton esprit pour les rendre moins réactifs aux soucis et autres facteurs de stress.

- **À la réaction de stress, il faut opposer une réaction de relaxation durant laquelle ta respiration ralentit, ta tension artérielle se réduit et tes besoins en oxygène diminuent.** Entraîne-toi pour rester calme quand un incident survient ou que tu as l'impression que le ciel va te tomber sur la tête. Avant de réagir, de dire ou de faire quoi que ce soit, prends déjà le temps de respirer profondément. Puis analyse le plus objectivement la situation. Réfléchis aux ressources que tu as pour résoudre le problème qui se pose à toi. Puis pense aux solutions possibles.

- **Parfois il est bon et nécessaire de s'emporter quand cela te permet d'obtenir ce que tu veux.** Être sous tension peut même apparaître excitant pour certain(e)s. Cependant, réussir à te contrôler et à garder ton calme te rendra la vie moins stressante et, au final, tu apparaîtras plus fort(e). Car savoir se contrôler est la première étape …

• • • pour contrôler autrui et contrôler une situation pénible ou dangereuse. Adopte le plus souvent possible la *zen attitude* ! Ce n'est pas être indifférent, c'est garder son calme en toutes circonstances pour être le plus efficient et le plus performant possible. Les moyens de se détendre ou de mettre le stress de côté ne manquent pas comme on l'a vu dans ce livre. **À toi d'expérimenter et de choisir ceux qui te correspondent le mieux pour stopper un état de stress aigu ou pour traiter un état de stress permanent.** Si, malgré tout, tu n'y parviens pas, n'hésite pas à consulter ton médecin traitant qui saura t'orienter.
Pour conclure, écoutons Gandhi (Homme politique et philosophe indien 1869-1948) qui nous conseille de « rester serein au milieu des activités et vibrant de vie au repos ».

Notes

Dans la même collection

adulte, mais pas trop !

ISBN : 978-2-940558-42-1
Dépôt légal : mai 2016
Imprimé en République Tchèque
(1er semestre 2016)

MIXTE
Papier issu de sources responsables
FSC www.fsc.org
FSC® C014138

www.editions-limonade.com